Renate Sültz & Uwe H. Sültz

Notizbuch für Automodell Veredler

BoD - Books on Demand

Norderstedt 2017

Bibliografische Information durch die Deutsche Nationalbibliothek

Die Deutsche Nationalbibliothek verzeichnet diese Publikation in der Deutschen Nationalbibliografie; detaillierte bibliografische Daten sind im Internet über http://dnb.dnb.de abrufbar.

Herstellung und Verlag:

BoD – Books on Demand, Norderstedt

ISBN 9-78374-4-80182-9

Ein kleines Notizbuch für Automodell Veredler.

Wo ist das nächste Club-Treffen? Wie waren noch die Telefonnummern meiner Sammler-Freunde? Welches Modell fehlt mir noch? Für diese und ähnliche Fragen haben Sie hier auf über 80 Seiten Platz für Antworten.

Wir wünschen viel Freude bei diesem Hobby!